NAISSANCE

DE

SON ALTESSE ROYALE MONSEIGNEUR

LE

DUC DE BORDEAUX.

BANQUET

DE

LA CINQUIÈME LÉGION.

PARIS.

DE L'IMPRIMERIE D'ÉVERAT,
RUE DU CADRAN, N°. 16.

—

1820.

NAISSANCE

DU

DUC DE BORDEAUX.

Un événement qui signalait d'une manière si miracu-
leuse la protection divine, ne pouvait manquer d'être
reçu avec transport, et célébré avec enthousiasme. Ce
jour, si vivement désiré par tous les Français, comblait
leur vœu le plus cher : un BOURBON naissait pour le
bonheur de la France, pour la stabilité du trône et la
paix de l'Europe ; la cinquième Légion, dont le zèle et
le dévouement ne se sont jamais démentis, eut, la pre-
mière, l'heureuse idée de célébrer, par un banquet, la
Naissance du jeune Duc DE BORDEAUX.

Au sortir de la revue, où Sa Majesté avait daigné
dire à ses sujets.... *Il nous est né un fils à tous, un jour
il sera votre père ;* encore émue du touchant spectacle
d'une famille auguste, renaissant au bonheur dans
un jeune Prince, qui doit un jour perpétuer la race
des bons Rois ; ivre d'allégresse, la cinquième Légion
s'est rendue au Cadran-Bleu, et là, sous les ordres de

son digne chef, M. le Vicomte DE LA ROCHEFOUCAULD, en présence de M. le Duc Doudeauville, pair de France, de M. le Vicomte DE MONTMORENCI, chevalier d'honneur de MADAME, Duchesse D'ANGOULÊME, elle a procédé à une véritable fête de famille.

Le Colonel, dont l'éloquence est toujours pleine de franchise et de dévouement, s'est d'abord adressé aux officiers et soldats de la Légion, qui prenaient part au banquet, et par un discours où respire l'esprit chevaleresque des anciens preux, il a fait passer dans tous les cœurs l'enthousiasme dont il était pénétré.

« MESSIEURS (a-t-il dit), il était de la destinée d'un
» BOURBON, même en cessant de vivre, d'assurer notre
» avenir. Offrons à la famille de nos Rois, l'éternel
» hommage de notre amour ; et au Roi des Rois, un
» juste tribu de reconnaissance. Écoutons LOUIS XVIII
» adresser à son peuple ces paroles touchantes, avec
» cette bonté qui le fait chérir : *Mes amis, aujourd'hui*
» *votre enfant, il deviendra aussi un jour votre père.*

» Messieurs, il est BOURBON, il sera digne fils de
» BERRI, digne petit-fils de SAINT LOUIS, noble reje-
» ton d'HENRI IV. Nous devons au sublime courage de
» sa mère, le dépôt précieux qu'elle portait dans son
» sein. Monseigneur le Duc DE BORDEAUX, héritier de
» tant de qualités et de vertus, verra sa Naissance ins-
» crite dans l'histoire, au nombre des événemens les
» plus mémorables.

» Pourrions-nous oublier, Messieurs, qu'un des pre-
» miers soins de Madame la Duchesse DE BERRI, au
» milieu d'affreuses douleurs, fut de faire appeler plu-

» sieurs de nos camarades, pour être les premiers té-
» moins du bonheur de la France.

» Oui, Messieurs, cet illustre enfant vivra sous la pro
» tection du Ciel qui nous l'envoie, pour calmer toutes
» les inquiétudes, et nous réunir tous désormais au-
» tour de son royal berceau. Mais s'il fallait jamais
» penser à le défendre, Messieurs, nous sommes Fran-
» çais, et nous jurons de devenir tous à l'instant
» *soldats de la fidélité.* »

LE VICOMTE DE LA ROCHEFOUCAULD.

Des applaudissemens unanimes, des cris de *Vive le
Roi! Vive les Bourbons!* ont accompagné la fin de ce
discours, qui avait électrisé tous les auditeurs.

De nombreux toasts au ROI, *Père de la France*, à S.
A. R. MONSIEUR, *l'Exemple de la loyauté;* à S. A. R.
MADAME, *le Modèle de toutes les vertus;* à S. A. R.
MONSIEUR le DUC D'ANGOULÊME, *la Providence des mal-
heureux;* à S. A. R. MADAME la Duchesse DE BERRI,
la Mère du nouveau Henri, ont été portés par les prin-
cipaux Officiers de la Légion, et chacune de ces santés
a été suivie de couplets inspirés par l'heureuse naissance
du jeune Duc DE BORDEAUX, que nous nous empres-
sons de publier comme une nouvelle preuve des géné-
reux sentimens qui inspirent la Garde Nationale.

COUPLETS

Sur la Naissance du Duc de Bordeaux.

————

AIR : *Reine du monde, ó France, ó ma patrie.*

PRÈS des autels, la France prosternée,
Triste et plaintive, en longs habits de deuil,

6

Sur ses malheurs gémissait consternée ,
Eu embrassant un illustre cercueil :
Touché des pleurs qu'il lui voyait répandre ,
Le Ciel lui dit : France , console-toi ;
    Tes fils me demandent un Roi ;
    BERRI renaîtra de sa cendre.

LE Ciel promet , et déjà CAROLINE
Semble attacher plus de prix à ses jours ;
De SAINT LOUIS la parole divine,
D'un songe heureux emprunte le secours :
Ton sein , dit-il , recèle l'Espérance ;
Pour toi le lis revivra triomphant !
    Dieu sur la tête d'un enfant
    Place les destins de la France.

ROYAL enfant , dont l'heureuse naissance ,
Comble les vœux d'un monarque chéri,
Tu deviendras l'idole de la France ,
Et nos neveux vivront sous un HENRI.
Puisse ta vie être longue et prospère !
De nos malheurs bornant enfin le cours ,
    Que le Ciel ajoute à tes jours
    Les jours qu'il devait à ton père.

LE CHEVALIER DE ROUGEMONT ,
Officier de la Légion.

Des transports ont accueilli ces couplets et les suivans ,
chantés par leur auteur.

COUPLETS

Faits le 29 Septembre , en entendant le canon.

———

AIR *des Habitans des Landes.*

QUI fait trembler ma fenêtre ?
C'est l'canon... s'rait-ce un malheur ?

Non ; pour la premièr' fois p't-être,
L'canon promet du bonheur ;
S'ra-ce un lis, s'ra-ce une rose
Que nous allons voir r'fleurir ?
J'espère... j'crains... mais quelque chose
Qui dans c'jour doive advenir :
    L'Ciel est là,
Sans doute il va s'mêler d'ça.

J'EN étais sûr, notre Duchesse
Est mèr' d'un Duc DE BORDEAUX ;
Et dans sa touchante ivresse,
'Ell' semble oublier ses maux :
L'Ciel m'a tenu sa promesse,
Dit-ell' d'un air triomphant ;
A la foule qui s'empresse,
Montrez la mère et l'enfant :
    Il tient là,
Et sur le trône il tiendra.

JE t'en crois, heureuse mère
De ce Prince bien aimé,
L'Ciel a pris pitié d'la terre,
L'abym' d'nos maux est fermé ;
Pres du berceau qui recèle
L'jeune héritier de BERRI,
La France heureuse et fidèle,
Désormais n'a que ce cri :
    Il tient là,
Et sur le trône il tiendra.

LE CHEVALIER DE ROUGEMONT.

La Légion en chorus s'est écriée : *Oui, il est là...
Oui, sur le trône il tiendra.*

A ces couplets ont bientôt succédé d'autres chants

pleins des sentimens les plus vrais et du dévouement le plus complet.

M. Desprez, dont le zèle et la muse ne sont jamais en défaut lorsqu'il s'agit de chanter les Bourbons, a entonné les couplets suivans.

COUPLETS

Pour la Naissance du Duc de Bordeaux.

Air *du Vaudeville de la Robe et les Bottes.*

Tout bon Français, sur le qui vive,
Au bruit du canon qu'on tirait,
Prêtait une oreille attentive,
Et jusqu'à douze ou soupirait;
On craint hélas! qu'il ne se taise;
Un coup de plus remplit nos vœux,
Et pour nos cœurs le nombre treize
Devient enfin un nombre heureux.

Un Prince a reçu l'existence;
Sur nos maux tirons le rideau :
Français, le jour de sa naissance
Pour nous vient changer tout en beau,
Et quand les regrets de la France
Entourent encore un tombeau,
Tout le bonheur de l'espérance
Vient s'asseoir auprès d'un berceau.

Objet de notre idolâtrie,
Enfant, tu nous promets un Roi;
Tu nais, et de notre patrie
L'avenir repose sur toi;
Et lorsqu'un jour à la victoire,
Ta voix conduira nos guerriers :
Les rayons de ta jeune gloire
Couronneront leurs vieux lauriers.

A. Desprez et Edmond.

Et sur le champ, il a repris haleine pour ajouter à l'allégresse générale par une

RONDE

Pour la Naissance du Duc de Bordeaux.

———

Air : *Faut d'la vertu, pas trop n'en faut.*

Nous avons un Duc de Bordeaux !
Garçon, verse-nous du Bordeaux. } *bis.*

J'ne r'gardons pas à la dépense ;
Je n'craignons plus d'manquer d'*louis ;*
V'là pourquoi, vu la circonstance,
J'nous traitons en bons réjouis.

Nous avons un Duc de Bordeaux ! etc.

Descends promptement à la cave ;
Choisis-nous ça dans le bon coin ;
Mais songe que le vin de Grave
Quand j'somm's gais, ne nous convient point.

Nous avons un Duc de Bordeaux ! etc.

Sablons tous les vins de la France,
Au bonheur de notre pays :
Nous garderons le vin d'Constance
Pour tous les Bourbons réunis.

Nous avons un Duc de Bordeaux !
Il nous faut boire du Bordeaux. } *bis.*

A. Desprez.

M. Capelle, l'un des plus joyeux chansonniers français, à tiré de son esprit et de son cœur, les couplets suivans, qui ont été répétés avec enthousiasme.

ENCORE UN BOURBON,

RONDE DU FAUBOURG SAINT-ANTOINE,

A l'occasion de la Naissance du DUC DE BORDEAUX.

AIR : *En revenant de Bâle en Suisse.*

Bons Français, de la Providence
Bénisssons ensembl' l'heureux don !
Vous entendez r'tentir, je pense,
Les cris, les cloches et l'canon ;
    Gais, à l'espérance,
      Livrons-nous, tout d'bon !
      Pour le bien d'la France]
      Encore un Bourbon !...

C'Prince, objet d'notre impatience,
Est né pour le bonheur de tous :
C'est un fils d'plus pour le Roi d'France,
Et c'est encore un pèr' pour nous.
      Gais, etc.

Seul espoir de sa tendre mère,
Il accourt pour la consoler,
Et tarir les pleurs que son père,
Depuis sa mort a fait couler.
      Gais, etc.

D'un' famille qu'l'Europe estime
Il vient consolider les droits :
Vaut mieux un bon Roi légitime
Qu'tant de despot's comme autrefois.
      Gais, etc.

Comm' son aïeul, c'bon HENRI-QUATRE,
(*A qui son pèr' a r'semblé tant !*)
Tout nous fait croir' qu'il saura s'battre
Etr' franc buveur et vert galant.
      Gais, etc.

Avec d'bons Rois, par tout' la terre,
On n'va pas semer les Français ;
Et j'soutiens qu'un empire en guerre
Ne vaut pas un royaume en paix.
    Gais, etc.

En voyant r'naîtr' l'auguste race
Qui n'rêva jamais qu'not' bonheur,
Si les méchans font la grimace,
Les bons Français chant' de bon cœur :
    Gais, etc.

La paix, l'commerce et l'abondance
Chez nous n'cesseront d'exister,
Tant que nous pourrons dire en France,
Ou tant que nous pourrons chanter :
    Gais, etc.

La France, d'puis long-tems en peine,
Dit, en voyant c'petit souv'rain :
Si la Concord' veut être marraine,
Le Bonheur sera le parrain.
    Gais, etc.

Pour bien célébrer la naissance
De ce royal gentil poupon,
Il faut boire autant d'coups, je pense,
Qu'on a tiré de coups d'canon.
    Gais, à l'espérance,
    Livrons-nous tout d'bon !
    Pour le bien d'la France
    Encore un Bourbon !...

CAPELLE.

M. Roger a lu des stances, où brillent à la fois le charme de la poésie et l'éloquence du cœur.

STANCES.

———

AIR : *Portrait charmant.*

PRINCE chéri, ton heureuse naissance
Comble nos vœux et nos ardens désirs:
Objets d'amour, de joie et de plaisirs,
Tu viens enfin nous rendre l'espérance.

DIEU protecteur, dont ce précieux gage
A signalé l'amour et la faveur,
Conserve-nous nos Rois et le bonheur;
Daigne accomplir ton merveilleux ouvrage.

QUE ses vertus, ses talens, son courage,
Nous fassent voir ses illustres aïeux;
Et qu'il transmette à nos derniers neveux,
Par de grands Rois leur antique héritage.

JE l'aperçois au sein de l'abondance,
D'un peuple heureux réunir tous les cœurs.
Je vois régner la paix et ses douceurs,
Fleurir les arts et triompher la France.

M. LE LOUTRE a exprimé, dans des couplets pleins de naturel, ses sentimens, partagés par tous les assistans.

COUPLETS.

———

AIR : *L'amour ainsi qu'la nature.*

SALUT, noble enfant de France,
Présent de la providence,
Gloire au sang du bon HENRI,
Du Français toujours chéri :
Je comptais sur ta naissance,
Ton père, à son dernier jour,
De le rendre à l'existence,
Remit le soin à l'amour.

Pour une époque aussi belle,
Amis, redoublons de zèle;
Que l'service exactement,
Se fass' dans le régiment.
Mais il n'en faut pas démordre,
Le Roi l'veut : Que, franchement,
Union soit le mot d'ordre,
Oubli celui d'ralliment.

Le Loutre,
Capitaine de Grenadiers.

Une foule d'officiers, sous-officiers et soldats, parmi lesquels on remarquait un officier de la sixième Légion, qui avait sollicité la permission de se joindre à nous, ont ajouté à la joie qui animait ce banquet, par des chansons en l'honneur de la Famille royale ; mais comme la plupart avaient été imprimées et publiées d'avance, nous regrettons de n'avoir pu les faire entrer dans ce recueil.

Enfin, après M. DE WOLBOCK, dont la muse a aussi payé sa dette, M. ROGER a chanté les couplets suivans :

COUPLETS

Pour la Naissance du Duc de Bordeaux.

———

Air : *Mon père était pot.*

Bons Français, réjouissons-nous,
Plus de pleurs, de tristesse ;
Aujourd'hui l'espoir le plus doux
Nous rend à l'allégresse ;
Le Ciel, juste et bon,
Nous donne un BOURBON.

Célébrons sa naissance :
   Cher à notre amour,
   Il doit faire un jour
Le bonheur de la France.

Il a reçu le nom d'HENRI ,
   C'est un heureux présage
Qu'il doit du grand vainqueur d'Ivry
   Égaler le courage ,
     Comm' le Béarnais ,
     Par mille hauts-faits ,
   Il se fera connaître ;
     Et dans les combats ,
     Ne trahira pas
Le sang qui l'a fait naître.

DÉJA je vois de toutes parts,
   Sous son règne propice ,
Fleurir les sciences , les beaux-arts ,
   La paix et la justice ;
     Émule d'HENRI ,
     Galant comme lui ,
   Au sexe il saura plaire ,
     Il se mariera ,
     Puis nous donnera
C'que nous donne son père.

O Roi chéri ! nous t'avons vu ,
   En ce jour plein de charmes ,
Nous dir' BERRI vous est rendu ,
   Français, séchez vos larmes ;
     Bornant tous ses vœux
     A nous rendre heureux,
   Cet enfant , je l'espère ,
     Un jour notre roi ,
     BOURBON comme toi ,
Deviendra notre père.

Cependant, si dans le transport
D'une aveugle furie,
Des méchans menaçaient encor
L'auguste dynastie :
Du sang de nos Rois
Soutenons les droits.
Est-il cause plus belle !
Amis, jurons nous
De combattre tous
Et de mourir pour elle.

Roger, fils.

M. le Vicomte de la Rochefoucauld a terminé la séance en portant ainsi la santé des Dames : *A celles qui guident notre enfance, charment notre jeunesse et consolent nos vieux ans !*

Aux cris mille fois répétés de *Vive à jamais les Bourbons, pour le bonheur de la France et le repos du Monde !* les officiers de la cinquième Légion se sont séparés, en renouvelant à leur colonel l'expression touchante de leur reconnaissance, pour avoir eu l'excellente idée de les réunir, afin de leur procurer une nouvelle occasion de montrer leur dévouement à la cause royale.

FIN.